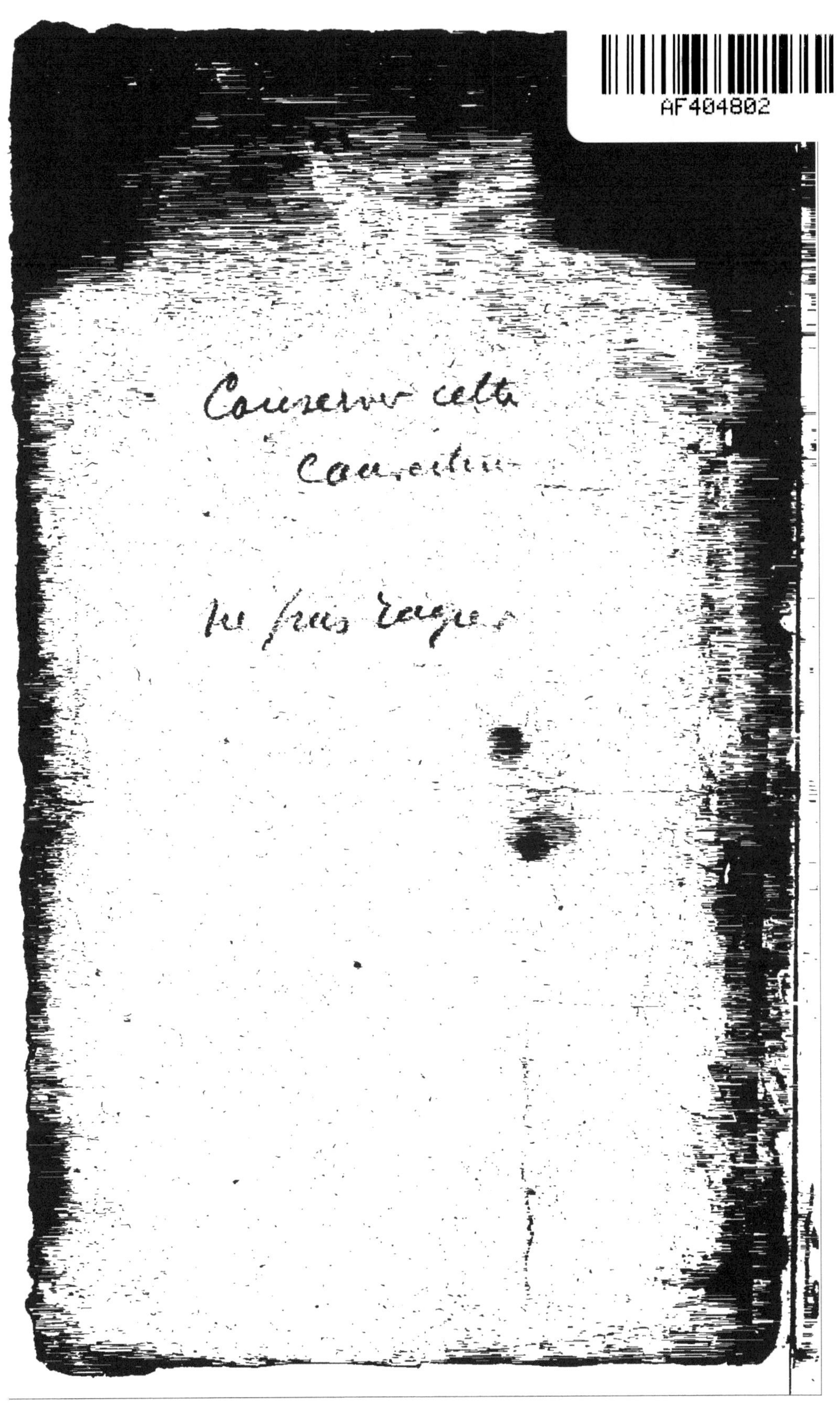
Conserver cette
Couverture

les frais ...

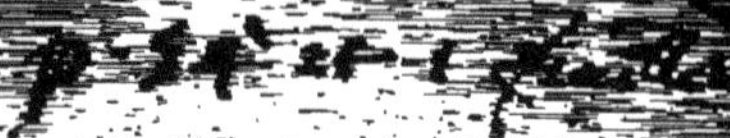

# LE SECRET

## DES

# NOUVELLES TEINTURES

# DE SAXE,

*AVEC QUELQUES RE'FLEXIONS*
*fur la Théorie, & fur les Avantages*
*de ces nouvelles Teintures.*

Par J. H. G. JUSTI.

Traduit de l'Allemand fur l'Original
imprimé à Vienne 1751.

# A PARIS,

Chez { DURAND, rue S. Jacques, au Griffon.
{ PISSOT, Quai des Auguftins, à la Sageffe.

M. DCC. LII.

*Avec Approbation & Privilége du Roi.*

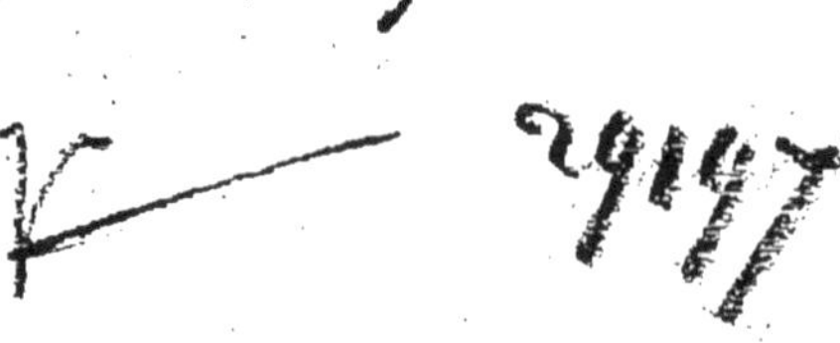

# AVERTISSEMENT

## DU

# TRADUCTEUR.

*LE même motif qui a déterminé M. JUSTI à dévoiler le myſtere des Teintures de Saxe, m'a fait entreprendre la Traduction de ſon Ouvrage. J'ai cru que l'on me ſauroit quelque gré de publier en François un Traité qui, quoique fort court, renferme des vûes très-propres à perfectionner l'Art de la Teinture. Tant que les ſecrets des Arts ne ſont entre les mains que d'un petit nombre d'Artiſtes, il eſt très-difficile que les progrès en ſoient bien rapi-*

A ij

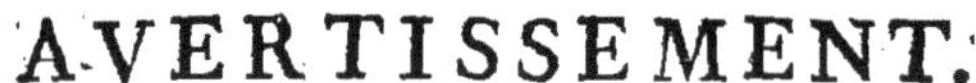

*des ; ce n'est que quand ils sont con-*
*nus des Savans que l'on peut espérer*
*qu'ils seront poussés à un certain dé-*
*gré de perfection.*

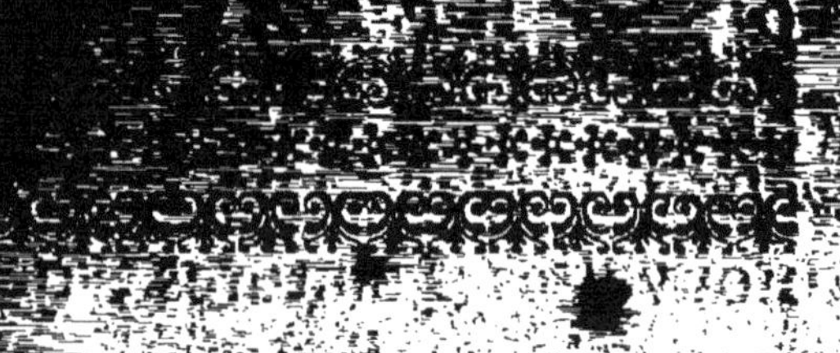

# PREFACE.

LA nouvelle maniere de teindre en bleu & en verd qu'on a trouvée en Saxe il y a cinq ou six ans, doit être regardée comme une des plus importantes découvertes de notre Siecle. Dans l'habitude où je suis depuis plusieurs années de donner les momens que me laissent mes occupations, à des recherches qui puissent contribuer au bien de la Société, & surtout au pro-

A iij

grès du Commerce ; à peine
eus-je entendu parler de ces
nouvelles Teintures, que je
compris tout l'avantage qu'on
en pourroit tirer. Je ne pus
parvenir d'abord à une con-
noissance parfaite de la maniere de les préparer : mais
le peu que l'on m'en apprit
m'excita à tenter des expériences qui pussent me mener
à de plus grandes découvertes, & j'eus lieu de me convaincre que les couleurs de
de Saxe étoient susceptibles
d'un plus haut point de perfection. Je trouvai de plus que
toutes les autres pouvoient

espèce d'une même
ière; ce qui me condui-
t de nouveaux principes
l'art de la Teinture beaucoup plus utile, plus avanta-
geux, & capable de fournir
des couleurs plus durables &
plus belles que celles qu'on
obtenoit par la méthode que
l'on suivoit anciennement.
Ce qui acheva de m'encou-
rager à continuer mes expériences avec opiniâtreté ; ce
fut l'idée que des Manufactures en Etoffes, quelles qu'elles soient, ne peuvent jamais
prospérer & fleurir, si on ne
leur fournit des couleurs vi-

A iiij

yes & durables. Je vis que
la Teinture demandoit une
attention toute particulière
de la part des Souverains ;
que cet Art n'étoit point
indigne d'occuper les Sça-
vans ; que ceux-ci pouvoient
y faire des progrès très - ra-
pides ; & qu'en partant de
principes certains, ils se met-
troient en état de pénétrer
dans les causes mêmes des
effets qu'ils appercevroient,
ainsi qu'il est arrivé en Fran-
ce où l'on a vû des Mem-
bres distingués de l'Académie, se livrer tout entiers
aux progrès de l'Art de la

...ure? Après une infinité
...périences, je suis parve-
..., non-seulement à rendre
...bleu & le verd des Saxons,
plus durables qu'ils n'étoient
auparavant ; mais encore à
découvrir d'autres couleurs
utiles & avantageuses, dont
j'aurai occasion de parler
dans le cours de ce petit
Traité. Les Teinturiers, comme le reste des hommes,
font très-portés à rejetter ce
qui ne s'accorde point avec
leurs intérêts, & à décrier
des découvertes qui rendent
inutile ce qu'ils ont eu beaucoup de peine à apprendre ;

auſſi chercherent-ils à nuire de toute leur force aux nouvelles couleurs de Saxe : c'eſt ce qui me détermina à inſérer dans le troiſiéme Volume des *Mémoires* Allemands, dont je m'étois chargé, un Traité de ces Couleurs. Je le fis d'autant plus volontiers qu'il ſe rencontroit dans le même Volume beaucoup de matieres rélatives au Commerce. Mon but étoit de montrer le peu de fondement du diſcrédit où l'on s'étoit propoſé de jetter les nouvelles Teintures, & de mettre le Public en état de

profiter d'une découverte de
notre Siécle, aussi utile que
celle-ci. La maniére de préparer les nouvelles Teintures de Saxe, étoit dans les
mains de plusieurs personnes, entre lesquelles quelques - unes trompées n'a-
voient, à la vérité, que de
mauvais procédés : je pensai
qu'il y auroit de l'avantage
pour ces derniers, & qu'il
n'y auroit aucun inconvé-
nient pour le premier Inventeur, à dévoiler tout le mystere. Le Libraire a cru trouver son intérêt à publier sé-
parément ce petit Traité à la

tête duquel j'ai jugé à pro-
pos de placer ce mot d'A-
vertiſſement.

*A Vienne le 5 Octobre 1750.*

# SECRET

## DES

## NOUVELLES TEINTURES

## DE SAXE.

IL y a une infinité de propriétés & d'effets cachés dans le sein de la Nature ; & il est certain que s'ils étoient connus, la Société en tireroit de très-grands avantages. Souvent on a découvert dans les Corps des qualités qu'on eût été tenté de regarder comme des chimeres ; si l'expérience qui est communément guidée par un pur hasard, ne nous eut convaincu de leur réalité. Au commencement

de ce Siécle, on n'auroit pas man-
qué de prendre pour un extravagant celui qui auroit soûtenu que
les Corps humains , & presque
tous ceux qui font dans l'Univers
peuvent donner des étincelles ,
lorsqu'ils touchent un corps qui
est dans le voisinage d'un autre
corps que l'on a frotté pendant
quelque-tems ; que le contact d'un
pareil corps étoit capable de tuer
des oiseaux, d'enflammer de l'es-
prit de vin, fans parler de beaucoup d'autres phénoménes sem-
blables dont on n'avoit alors nulle
idée. Toutes ces choses, dis-je,
nous auroient paru incroyables à
nous mêmes & aux autres ; si
nous n'avions point eu lieu de nous
en assûrer par les expériences mul-
tipliées qu'on a faites depuis la
découverte de l'Electricité. D'autres essais nous ont constaté l'exis-

que d'autres propriétés incon-
nues, & qu'on ne s'attendoit point
y rencontrer dans les corps. Pour-
t-on douter après cela, qu'il
n'y ait encore en eux une infinité
de qualités & d'effets dont nous
tirerions un grand avantage si
nous les connoissions ? La Chymie sur-tout est inépuisable en ce
genre. Il n'y a peut-être rien de
plus mal fondé que le prétendu
secret de faire de l'or ; rien de
plus extravagant que la transmu-
tation des métaux, mais l'art de
les améliorer n'en est pour cela
ni moins certain ni moins appuyé sur des principes raisonna-
bles. La Chymie, cette science
merveilleuse, n'est pas faite pour
être prostituée à des rêveries :
mais comme il y a des propriétés
toutes particulieres cachées dans
les différens mélanges des miné-

raux & des sels, dans les liqueurs
& les dissolvans que l'on en peut
tirer, & ces propriétés pouvant
être tournées à la plus grande uti-
lité de la Société, il n'est pas douteux que la Chymie ne soit une
étude très-agréable pour celui à
qui la Providence a donné de la
tranquillité, avec les moyens de
satisfaire son goût, & de se rendre en même-tems utile au genre
humain. Si l'on recherche ce qui
a donné naissance aux plus belles
inventions, on trouvera presque
toûjours, que c'est à la Chymie
que nous en sommes redevables;
& peut-être ne nous a-t-elle encore procuré que la moindre partie
de ce que nous sommes en droit
d'en attendre, si on compare les
progrès de l'art avec des richesses
de la Nature. Il seroit donc très-à
souhaiter que les Souverains & les
grands

[...] qui deviennent
[...] pour elle, mais sou-
[...] que pour courir
[...] chimère de faire de
[...] au lieu des sommes con-
[...] qu'ils perdent à entre-
[...] Alchymiste qui les trom-
[...] assignassent des revenus
[...] à quelque honnête hom-
[...] joignît à des connoissan-
[...] dans la Physique &
[...] l'envie & la capacité
[...] toutes sortes d'expérien-
[...] n'est pas douteux qu'avec
[...] & des précautions, on ne
[...] à des découvertes utiles à
[...] lité en général & avanta-
[...] à quelques Etats en parti-
[...] les Souverains vouloient
[...] quelquefois assister en per-

sonne à ces sortes d'expériences, ils y trouveroient un amusement propre à satisfaire leur curiosité & à les distraire de l'ennui d'occupations plus sérieuses. En effet, qu'y a-t-il de plus ravissant que le spectacle de tant de phénomenes merveilleux que fournissent la Physique & la Chymie, & que la reflexion où ils entraînent nécessairement tout homme sensé?

C'est la découverte des nouvelles Couleurs de Saxe dont je vais traiter ici, qui m'a conduit à celles que je viens de faire. Qui est-ce qui se seroit imaginé il y a quelques années, que l'on pouvoit employer les dissolvans de la Chymie dans l'Art de la Teinture, tandis qu'on avoit toûjours été dans l'idée qu'ils n'étoient propres qu'à détruire toutes les couleurs? C'est pourtant de ces diſſolvans dont on ſe ſert pour préparer les couleurs de Saxe ; & ce ſeroit ſe tromper groſſiérement de les croire nuiſibles aux Teintures ; ce ſont eux au contraire qui contribuent à en réhauſſer l'éclat, à développer la vertu des matieres colorantes, & à faire paroître des nuances plus brillantes & plus vives que celles qu'on a jamais obtenues par les procédés anciennement ſuivis dans l'art de la Teinture.

Le haſard a ordinairement la plus grande part à toutes les découvertes ; & c'eſt lui qui a fait naître les couleurs dont nous parlons. On prétend que ce fut un Juriſconſulte nommé M. *Barth* qui demeuroit au Grand Hayn, & qui s'occupoit des travaux de la Chymie, qui les trouva le premier. Cette invention va ouvrir la route

B ij

à un art de la Teinture entiere-
ment différent dans ſes principes
& dans ſa théorie, de l'art tel qu'il
ſe pratiquoit auparavant : il eſt dé-
montré que, ſi ſans égard pour
l'ancienneté, nous voulons donner la préférence à ce qu'il y a de
mieux, nous ne ferons point diffi-
culté d'abandonner la méthode
uſitée pour la nouvelle, & de tra-
vailler de toute notre force à con-
noître & à perfectionner celle-ci.
Cette nouvelle maniere de teindre a des avantages tout particu-
liers auxquels on n'auroit jamais
pu atteindre en ſuivant celle qui
l'a précédée, comme je le prou-
verai en dévoilant un ſecret qui,
juſqu'à préſent, n'a été connu que
d'un très-petit nombre de perſon-
nes. J'eſpere que l'on ne me ſau-
ra point mauvais gré, ni de publier cette découverte, ni de gar-

... les proprietés ...
... qu'elles aient de ...
... à perfectionner con-
... les nouvelles tein-

... de vitriol est une des
... matieres qui entrent
... composition des nouvelles
... de Saxe ; cette huile est
... ; on s'en sert pour faire
... couleur bleue qui, mêlée avec
... produit le beau verd de
... Il n'importe qu'on recom-
... ce par faire teindre les étoffes
... de la maniere ordinaire,
... l'on se serve pour cela
... couleur jaune particuliere.
... j'aurai occasion de parler
... suite. Afin de développer
... couleur bleue dont nous par-
... une demie once d'in-
... on prend quatre onces

d'huile de vitriol ; on y met en
digeſtion pendant vingt - quatre
heures, à une chaleur modérée,
une once de cobalt * blanc, qui
ait été pulvériſé & paſſé par un
tamis de crin fort ſerré.  On n'a
pas beſoin de continuer la digeſtion ſi long-tems, ſi on la fait au
bain de ſable. Le colbat contient
des particules métalliques ; l'huile
de vitriol eſt chargée de particules cuivreuſes ; & c'eſt par leur
développement & par la combi-
naiſon qui s'en fait dans la cha-

* Il ſeroit à ſouhaiter que l'Auteur ſe fut ex-
pliqué plus clairement. Peut - être par cobalt
blanc, a-t-il voulu déſigner la pyrite blanche,
ou pyrite arſenicale, que les Allemands nomment *Miſpikkel*, à qui quelques Auteurs don-
nent le nom de cobar, quoique mal à-propos,
puiſque c'eſt une mine purement arſenicale.
Peut-être auſſi entend-t il par *cobalt blanc* la mine de cobalt d'un gris de cendre, *minera cobalti
cinerea*, qui eſt des mines cobalt, celle dont la
couleur eſt la plus claire.

leur, que se produit l'éclat que l'on remarque à cette couleur. C'est même un principe dans la théorie de la nouvelle Teinture; que ce sont des particules métal-liques qui doivent donner de l'é-clat aux couleurs. Il y a long-tems, si l'on y avoit fait réflexion, que la couleur écarlatte auroit con-duit à la découverte de cet axio-me; car il est certain que l'éclat de la couleur écarlatte, n'est dû qu'aux particules métalliques de l'étain; c'est une vérité dont je me suis assûré par un grand nombre d'expériences. C'est l'eau forte qui rehausse la couleur cramoisie, qui est la couleur naturelle de la cochenille; c'est elle qui la rend d'un rouge plus clair: mais c'est de l'étain qu'elle prend la nuance plus forte & plus éclatante qui constitue l'écarlatte dans la nou-

B iiij

velle teinture. Il reste encore à faire un nombre infini d'expérien-ces, pour découvrir quelles sont les parties métalliques propres à donner de l'éclat à chaque cou-leur ; car les parties métalliques qui produisent cet effet sur une couleur, en détruisent entiére-ment une autre. Mais je reviens au nouveau procédé.

Quand on a préparé l'huile de vitriol, & le cobalt de la manie-re que nous avons dit, on y met la démie once d'indigo, qui doit être bien choisi & bien pulvérisé, & on remue tout le mêlange avec un petit bâton ; l'indigo se gonfle considérablement, & entre en effervescence ; ce qui prouve com-bien ce mêlange est propre à dé-velopper les parties de l'indigo ; on met encore le tout en diges-tion pendant vingt-quatre heures

à une chaleur douce. Outre le
cobalt, je suis dans l'usage de mettre dans l'huile de vitriol, d'autres matieres qui contribuent à
rehausser l'éclat de la teinture, &
à la rendre plus solide & plus durable. Mais, comme c'est un tour de
main qui m'a coûté beaucoup d'expériences & de travail, on ne
trouvera point mauvais que je ne
divulgue point mon secret quant-
à-présent.

Lorsqu'on veut teindre, on prépare l'étoffe par le moyen de sels
qui sont propres à rendre la couleur durable, ( c'est ce que les
Teinturiers nomment *décruser*. * )
Après qu'on a lavé l'étoffe, &
qu'on l'a laissé refroidir, on met
une partie de la teinture, ou des
matieres colorantes, dont nous
avons parlé, dans la même eau où

* *Voyez le Dictionnaire du Commerce.*

l'on a fait le décrufement, tandis qu'elle eſt encore bouillante, & chargée de fels, & l'on en met à propoſition de la quantité d'étoffe que l'on veut teindre, & de la couleur plus ou moins foncée que l'on veut lui donner : la valeur de deux cuilleres à thé de la teinture ſuffit pour teindre d'un très beau bleu, un morceau d'étoffe qui auroît juſqu'à une aune & demie de Saxe * de large. Il ne faut que quelques minutes pour faire prendre à l'étoffe toutes les couleurs qu'on veut ; on la laiſſe ſeulement bouillir un quart d'heure de plus, pour que la couleur pénetre mieux. La quantité de matieres colorantes ne peut jamais gâter la couleur : l'on en obtient

---

* L'aune d'Allemagne eſt de 2 pieds 5 pouces & quelques lignes. Sept aunes de Paris font 12 aunes d'Allemagne.

une foncée, quand on en met trop, & elle est claire quand on en a mis trop peu. Si, au bout de quelques minutes, on trouvoit la couleur trop claire, on pourroit encore y remettre de la matiere. Quand on a fait bouillir suffisamment la teinture, on lave l'étoffe dans de l'eau de riviere froide.

Lorsqu'on veut teindre en verd de Saxe, il faut, ou se servir d'une étoffe qui ait été auparavant teinte en jaune, & s'y prendre de la même maniere qui vient d'être décrite, comme si on vouloit teindre en bleu, en observant seulement d'employer moins de matieres colorantes; ou se servir d'une teinture jaune particuliere que l'on met dans la même eau qui est encore assez chargée de bleu pour pouvoir, en s'y mêlant avec le jaune, produire une couleur verte : mais fi on vouloit un verd foncé, il faudroit remettre encore un peu de la couleur bleue: il faut prendre une plus grande quantité de la teinture jaune, c'eſt-à-dire, que l'on doit en employer environ un quarteron pour chaque aune d'étoffe, quand on veut que la couleur ſoit forte, parce que la matiere qui produit cette couleur n'eſt point ſi diviſée que celle qui produit le bleu. Du reſte, on procéde de la même maniere que pour la couleur bleue ; & l'on prépare auſſi l'étoffe en la faiſant paſſer par une leſſive de ſels : on la fait bouillir pendant un bon quart d'heure ; on la lave dans de l'eau froide ; mais avec plus d'exactitude, parce que la teinture jaune eſt ordinairement plus chargée de ſaletés que les autres.

Voici comment on prépare la teinture jaune. On prend du cur-cuma à proportion de la quantité de teinture qu'on veut faire ; on y joint un huitiéme ou un dixié-me d'orpiment ou arsenic jaune : on a soin de bien pulvériser & de broyer exactement ces deux ma-tieres ; on les met dans un mor-tier de verre ou de serpentine ; & l'on verse par - dessus autant d'eau-forte ou d'huile de vitriol, qu'il en faut pour , qu'après avoir suffisamment trituré , le mélange ait la consistance d'une bouillie fort claire. On y joint alors au-tant d'eau de riviere qu'il en faut pour pouvoir verser commodé-ment le mélange dans un vaisseau de verre que l'on ferme avec un bouchon de verre. On réitére la même chose, lorsque le morrier n'est point assez grand, & qu'on a befoin d'une grande quantité de couleurs ; pour lors fur quatre onces d'eau forte que l'on a employées , on prend une demie-once d'huile de vitriol , ou une once d'huile de tartre ; & on les mêle à cinq ou fix reprifes : à chaque fois qu'on en verfe , il faut promptement remuer le mélange ; car , comme il s'y trouve des acides & des fels neutres , il fe produit une effervefcence accompagnée de chaleur qui nuiroit à la couleur , fi l'on n'avoit pas la précaution de bien remuer. Enfin , on met la teinture ainfi préparée en digeftion pendant vingt - quatre heures , à une chaleur douce , & on la remue de temps en temps , après quoi la couleur eft achevée , & en état d'être gardée pendant plufieurs mois. Je fuis dans l'ufage d'y joindré encore d'autres matieres qui contribuent à la rendre plus vive & plus solide ; mais je ne puis encore donner mon secret au public.

La teinture jaune dont je viens de décrire le procédé , donnera une couleur jaune si belle & si durable, qu'une solution boüillante de savon ne lui enlevera rien de son éclat.

Ce que je viens de dire contient tout le mystere des couleurs de Saxe, & il n'est point douteux que ce ne soit sur les teintures le meilleur des secrets qui courent le monde, & qui se vendent pour tels. Mon but, en divulguant tout le procédé , est autant de couper court à ce trafic, que de fournir de nouvelles ressources aux personnes qui s'occupent de ces sortes d'expériences , & qui tentent

des Essais inutiles à la Société ,
d'autant plus , qu'à en juger par un
petit écrit que j'ai vû paroître depuis peu , il y a en effet des personnes qui ont reconnu l'avantage & la prééminence des nouvelles couleurs , & qui sont très-
portées à pousser leurs recherches
plus loin. Je leur ai exposé le procédé en entier, afin qu'elles fussent
convaincues par elles-mêmes des
avantages que ces nouvelles couleurs ont réellement sur les anciennes.

Si on fait attention au procédé
que j'ai prescrit pour les prépara-
tions des teintures de Saxe , il ne
restera aucun doute à qui que ce
soit , sur la préférence qu'elles méritent ; puisque sur quatre onces
d'huile de vitriol , je n'emploie
qu'une demie-once d'indigo ; &
que deux cuilleres à thé de ce mélange

lange, dont le poids est à peine
d'une dragme, suffisent pour teindre une aune d'étoffe. Il suit na-
turellement de-là, que je fais plus
de teinture avec une demie-once
d'indigo, que l'on n'en pouvoit
faire avec une livre, suivant la
méthode qui étoit autrefois en
usage. Quelle prodigieuse quantité de matiere colorante se con-
sommoit donc à pure perte dans
la teinture, telle qu'elle a été pra-
tiquée jusqu'à présent ? Et dans
quel état de division les matieres
colorantes ne doivent-elles pas
être dans la nouvelle ? Outre cela,
qui est-ce qui ne remarque point
l'avantage d'une maniere de teindre, dans laquelle les couleurs
deviennent à beaucoup meilleur
marché qu'elles n'étoient auparavant ? En effet, une livre d'huile
de vitriol revient en Saxe à un

C

écu * ( 3 liv. 15 fols ) & fi on la ti-
roit foi-même, comme on pourroit très-bien le faire dans de grandes Manufactures, elle revien-
droit à peine à la moitié : d'un autre côté, on épargne 15 $\frac{1}{4}$ onces
d'indigo, dont la livre coûte au
moins un écu : pour le cobalt & les
autres ingrédiens que mes découvertes m'ont déterminé à y join-
dre, ces matieres font à fi bon
marché qu'elles ne méritent point
d'entrer en ligne de compte. Le
profit que l'on retire de la nouvelle maniere de teindre eft donc
très-fenfible.

Comme l'effet des couleurs
dont nous parlons, eft de rendre
les étoffes plus belles & plus écla-
tantes, nous n'aurons pas be-

* Il paroît que l'Auteur s'eft trompé fur le
prix de l'huile de vitriol qu'il met trop haut, &
fur celui de l'indigo qu'il met trop bas.

loin de prouver en cela leur supé-
riorité sur les anciennes. En effet,
la principale chose qu'on y remarque , c'est leur vivacité & leur
éclat ; & je n'ai encore vû personne qui ne convînt de la prééminence que les nouvelles couleurs ont de ce côté sur les anciennes.

Ces nouvelles couleurs prouvent
aussi que c'est dans notre maniere de les préparer que consiste le
vrai procédé : car dans la teinture,
telle qu'elle se pratiquoit ci-devant , nous étions obligés d'être
contens, lorsque la couleur s'étoit
suffisamment attachée à la surface
de l'étoffe , tandis que pour l'ordinaire le fond étoit demeuré entiérement blanc ; au lieu que les
nouvelles couleurs pénétrent les
draps les plus forts & les plus
épais , & laissent présumer à quel

C ij

point de durée & de solidité elles peuvent être pousſées, ſi on veut s'occuper des moyens de leur donner le degré de perfection dont elles paroiſſent ſuſceptibles.

Il eſt certain que les couleurs de la teinture doivent non-ſeulement être agréables à l'œil, mais avoir encore de la durée, c'eſt-à-dire, réſiſter aux impreſſions de l'air, du ſoleil, & de la pluie. En effet, puiſque nos habits ſont ſujets à toutes ces viciſſitudes, & que nous n'en portons pas, pour demeurer continuellement dans des appartemens, l'uſage exige que les couleurs qui ſont employées dans leur teinture aient les propriétés dont nous venons de parler. L'on nomme donc bonnes couleurs, celles qui ne ſouffrent aucune altération remarquable par les impreſſions de l'air,

& l'on regarde comme mauvaises celles qui n'ont point les mêmes avantages. Il paroît qu'en ce point, il manque encore quelque chose aux couleurs de Saxe ; car, quoiqu'elles résistent pendant un certain tems aux impressions de l'air, elles ne laissent pas que de souffrir de l'altération à la longue. Mais je suis convaincu que les meilleures couleurs dont on se servoit ci-devant en Allemagne étoient sujettes au même inconvénient. Je ne sais si les François possédoient mieux : j'avoüe seulement qu'ils se sont donné plus de peine que nous, pour trouver des couleurs durables & invariables, & que chez eux, le Gouvernement a une attention toute particulière sur les teintures, puisqu'un Membre de l'Académie Royale des Sciences de Paris est chargé

de faire continuellement des expériences qui y soient relatives ,
& que ce sont ses observations
qui guident dans les Réglemens
que l'on prescrit á ce sujet. Mais,
quand nous supposerions pour un
moment, que les nouvelles couleurs n'ont point encore toute la
solidité qu'on peut désirer , ce ne
seroit point une raison pour abandonner une route dans laquelle il
y a si peu de tems que nous marc-
hons, & un moyen sur lequel il
s'en faut beaucoup que nous ayons
des expériences suffisantes ; sur-
tout, puisque nous y trouvons tant
d'avantages, & de raisons de préférence. Je ne pense pas qu'on
prenne ce parti; & si l'on s'y dé-
terminoit, j'oserois dire que notre
siécle seroit indigne d'une découverte aussi belle. Ce petit défaut
que nous remarquons dans les

nouvelles couleurs doit nous ex-
citer à en chercher le remede, &
à porter cette découverte au point
de perfection dont elle est certai-
nement susceptible. Les anciennes teintures, dont il y a tant de
siécles que nous nous contentons,
devoient être dans leurs commen-
cemens bien plus défectueuses
que les nouvelles : ce n'est que par
un nombre infini d'expériences
qu'elles ont été portées au point
où nous les voyons. Il n'en sera
pas ainsi des nouvelles ; & d'ha-
biles gens n'auront que peu de
peine à les rendre beaucoup plus
parfaites qu'elles ne le sont actuel-
lement.

Je puis me flatter d'avoir déja
très-bien réussi à les rendre plus
durables : les essais que j'ai faits
soutiennent la bouë & le jus de
citron sans se tacher ; & en les

mettant boüillir dans de l'eau de
favon, il ne fe détache qu'une
très-petite portion de leurs couleurs. Selon les principes de l'art
de la Teinture, l'épreuve la plus
rigoureufe par laquelle une teinture puiffe paffer, c'eft de boüillir
pendant cinq minutes dans une
folution de favon : fi dans une pa-
reille épreuve, l'étoffe ne fouffre
pas un déchet remarquable de
couleur, on fe tient affûré qu'elle
réfiftera aux impreffions de l'air :
cependant l'inverfe de cette pro-
pofition n'a point lieu ; & l'on ne
peut point dire que toutes les
couleurs qui ne foûtiennent point
l'épreuve du déboüilli dans l'eau
de favon, ne refiftent point non
plus aux impreffions de l'air. Par
exemple, la teinture en écarlatte
ne peut point foûtenir cette épreuve ; ce qui n'empêche point que

cette couleur ne résiste aux impressions de l'air.

La solidité des couleurs dépend
beaucoup des sels que l'on emploie pour préparer les étoffes, &
suivant la théorie de l'art de la
Teinture, la stabilité des couleurs
naît de ce que les intervalles de
la laine & de l'étoffe ont été suffisamment écartés par les sels, &
que les particules de la matiere
colorante ont été saisies par les
sels qui sont restés dans l'étoffe,
de maniere qu'après le réfroidis-
sement, ils ont formés des crystaux assez solides pour ne pouvoir
être dissouts ni par les rayons du
soleil, ni par l'air, ni par l'eau.
Suivant cette théorie, il y a long-
rems que l'on a regardé certains
sels, & sur-tout le sel de tartre &
l'alun comme capables de produire de pareils crystaux; & lorsque

l'expérience a fait voir que les étoffes les mieux préparées avec ces fels n'étoient point pour cela fufceptibles de prendre des couleurs durables avec de certaines matieres colorantes, telles, par exemple, que le bois de Bréfil, on a rejetté ce défaut uniquement fur les matieres colorantes, & l'on a prétendu qu'elles n'étoient point propres à produire une couleur folide & durable. Mais, fuivant mes principes, les particules de la couleur ne font point faifies & embraffées par les cryftaux des fels; elles ne font que mêlées avec eux. Quand donc les particules de la matiere colorante font de nature à ne point admettre une combinaifon parfaite avec les particules falines, elles ne peuvent former des cryftaux folides ni par conféquent une cou-

leur durable. Mais il peut y avoir
d'autres sels qui s'accordent mieux
avec la nature des mêmes particules colorantes, & on peut les
trouver en se donnant la peine
d'en faire la recherche. Comme c'est l'expérience qui m'a con-
duit aux principes dont je parle,
je me suis servi d'autres sels que
l'alun & le tartre dans les nouvelles Teintures de Saxe & je
suis parvenu à trouver ceux qui
sont propres à donner assez de solidité aux couleurs pour résister,
ainsi que je l'ai dit, presque parfaitement à l'épreuve du débouilli.
Il n'est donc pas douteux que de
nouvelles expériences ne donnas-
sent de nouveaux moyens de rendre ces couleurs encore plus durables.

J'ai eu lieu de me convaincre
par une autre expérience, de

quelle importance étoit le choix
des sels. J'ai découvert encore
par le moyen des diffolvans de la
Chymie, un secret pour teindre
en écarlate d'une maniere neuve,
& préférable aux autres; mais ce
n'a été qu'après un nombre infini d'effais que j'ai rencontré les
diffolvans propres à développer
la couleur de la cochenille. Il
faut bien se reffouvenir que les
liqueurs ou menftrues que l'on
peut employer avec succès pour
le développement d'une couleur,
ont le défaut de gâter ou de détruire entiérement presque toutes
les autres. J'eu donc lieu d'être
d'abord très - satisfait de ma découverte : mais je m'apperçus en-
fuite, que je n'avois fait qu'à peine la moitié du chemin, parce
que tous les sels ordinairement
employés dans la teinture n'é-

toient de nul effet pour rendre les étoffes fusceptibles de prendre la couleur. Dans le grand nombre de mes expériences, ma teinture étoit du plus beau rouge; cependant les morceaux d'étoffe demeuroient tous blancs; quoique je les y euffent fait boüillir pendant des heures entieres. Après bien des travaux inutiles, je trouvai enfin des fels qui étoient parfaitement analogues à la nature de la cochenille, & propres à développer la couleur dont je voulois me fervir. Par le moyen de ces fels, non-feulement l'étoffe fut difpofée à prendre la teinture; mais encore la couleur en acquit une folidité que jamais jufqu'à préfent l'on n'avoit été en droit d'attendre de l'écarlatte. On fait que l'écarlatte ordinaire, quand on la fait boüillir pendant cinq minutes dans une eau de favon, perd toute fa couleur, & que c'eft par cette raifon, qu'elle eft fi fujette à fe gâter par la boue, par les acides & par toutes les graiffes : mais ma nouvelle écarlatte eft dans le cas de pouvoir boüillir pendant dix minutes dans une forte folution de favon, fans qu'on remarque qu'elle perde confidérablement de fon éclat. L'étoffe garde toujours une couleur de rofe très-vive, de la folidité de laquelle on peut aifément juger. Outre cela, j'emploie à peine pour cette couleur, le quart de la cochenille que l'on a jufqu'à-préfent été obligé d'y employer : & comme dans les liqueurs ou diffolvans propres à développer la couleur, il n'entre que des matieres très-peu couteufes, & qui ne demandent qu'à être préparées, l'écarlatte dont je parle, en comptant les peines de la préparation & les frais du charbon, ne revient pas à la moitié de ce qu'il en a coûté jusqu'à présent pour teindre en cette couleur. Pour s'en convaincre, on n'a qu'à revenir sur les avantages de la méthode que nous avons prescrite, & sur la grande quantité de matiere colorante qui se perdoit dans le procédé que l'on suivoit auparavant. Il me semble que ce ne seroit point en user d'une maniere convenable aux maximes de notre tems, que de négliger de nous rendre cette méthode utile en faisant un plus grand nombre de recherches ; car il n'est pas douteux qu'on ne puisse découvrir une liqueur, ou un dissolvant propre à développer chaque couleur. J'ai encore trouvé le moyen de faire

une teinture d'un rouge commun
très-durable, & qui revient à très-
bon marché ; & je puis me flatter
par le moyen de différens mêlan-
ges de teintures, de pouvoir produire toutes les couleurs imagi-
nables.

On prétendra peut-être contre
ces nouvelles couleurs, qu'elles
font nuisibles à la durée de la laine & des étoffes, fur ce que nous
employons dans les procédés
dont nous avons parlé, des liqueurs & des matieres corrofives.
Mais qu'on juge combien cette
objection eft mal fondée, fur la
très-petite quantité de ces liqueurs, & fur la prodigieufe quantité d'eau dans laquelle elles font
répandues & doivent avoir per-
du la qualité corrofive qu'elles
avoient auparavant ; joint à ce
qu'en développant les matieres
colorantes

colorantes, elles ont dû s'affoiblir
encore beaucoup. En effet, quel
mal peut faire la valeur de deux
cuillerées à thé d'huile de vitriol,
ou de trois ou quatre cuillerées
d'eau-forte, quand elles ont été
étendues dans quatre ou cinq pin-
tes d'eau, qui est le moins qu'on
en puisse employer pour teindre
une aune d'étoffe. D'ailleurs, l'expérience ne nous a point encore
appris que les nouvelles Teintures de Saxe rendissent les étoffes
plus lâches & moins compactes.
L'on ne trouve point non plus ce
défaut dans la teinture en écarlatte telle qu'elle a été en usage jusqu'à présent : cependant on y emploie beaucoup plus d'eau-forte,
puisque sur trois onces de cochenille, on met presqu'une once
d'eau-forte ; malgré cela, nous ne
voyons pas que les draps écarlat-

D

tes soient moins de durée que les autres draps. En un mot, je n'ai rien épargné pour m'assurer si les nouvelles teintures n'endommageoient point la laine ou les étoffes. J'en ai fait l'essai sur des brins de laine seuls teints de la nouvelle maniere que j'ai comparés à des brins de laine blancs ou teints, suivant l'ancienne façon; & je n'y ai vu aucune différence ; au contraire, j'ai remarqué plus de force & de consistance dans les premiers que dans les derniers.

Il est donc constant, par ce que je viens de dire, que les objections que l'on fait contre les nouvelles couleurs n'ont que peu ou point de fondement : cependant on n'a pas laissé de les critiquer & de chercher à les décrier. Les Teinturiers sur-tout ont tout mis en œuvre pour les faire tom-

her; mais ils n'ont employé contre elles que ces mêmes raisons
dont je viens de faire voir l'insuf-
fisance. Ils ont objecté particu-
lierement à la couleur verte de
Saxe, d'être tachée par la boue.
A cela je répondrai, qu'il se peut
que la plûpart des étoffes que l'on
débite soient dans ce cas, mais que
les essais que j'en ai faits n'ont jamais eu ce défaut. La raison de ces
différens succès, c'est qu'on a dis-
tribué partout de mauvais procédés
pour les nouvelles teintures. L'Auteur du petit Traité sur les Couleurs de Saxe dont nous avons
parlé plus haut, raconte qu'une
personne parvînt par adresse à en
tirer le procédé de celui qui en
étoit l'Inventeur; qu'il se mit en-
suite à voyager & à débiter ce
procédé par-tout où il passa; mais
que, comme cet homme ne

D ij

favoit qu'imparfaitement, on n'e-
xécuta rien de bon fur fes indi-
cations. Je fuis d'autant plus dif-
pofé à croire ce rapport, qu'ayant
eu occafion de conférer les recet-
tes courantes entre les Artiftes &
dans la fociété, je n'y ai rien remarqué qui ne fut très-inexact &
fort inférieur à ce que j'ai indiqué
dans ce petit Ouvrage. Ainfi,
quand il feroit vrai, qu'un verd
de Saxe fait fuivant un mauvais
procédé, feroit taché par la boue,
je n'en ferois pas moins en droit
de demander aux Teinturiers qui
affectent tant de mépris pour cette couleur, fi elle n'a pas des
avantages réels fur celle qui fe
fait fuivant l'ancienne méthode.
L'ancienne teinture verte eft in-
finiment plus fujette à fouffrir de
l'altération par les impreffions de
l'air. La boue & les moindres

cides, tels que le vinaigre, le
vin, &c. non-seulement y font des
taches considérables, mais encore la changent en bleu ; au lieu
que la plûpart des acides ne produisent pas le moindre changement sur le verd de Saxe le plus
médiocre. Il me semble qu'il faudroit être mieux appuyé & mieux
instruit, lorsqu'on cherche à critiquer une chose utile.

En un mot, on peut regarder
comme une regle générale que,
lorsqu'il est question de nouvelles
inventions dans un art, il ne faut
gueres s'arrêter aux criailleries de
ceux qui ont pratiqué pendant
long-tems le même art, en suivant
une ancienne méthode. Cette regle doit avoir lieu pour les nouvelles découvertes dans les sciences, aussi-bien que pour celles
qui se font dans les Arts & Mé-
D iij

tiers. Il faudroit qu'il s'opé…
grand changement dans les efpri…
& les paffions des hommes, pour
qu'ils puffent fouffrir avec tranquillité qu'on rendît inutiles des
chofes qu'ils ont apprifes avec
beaucoup de peine dès l'enfan-
ce, & dont ils tirent leur fubfif-
tance,

## FIN.